EN PAREJAS

¿Dónde viven los insectos?

Escrito por Jerald Halpern

Adaptación al español por Rubí Borgia

STECK-VAUGHN® COMPANY

A Division of Harcourt Brace & Company

www.steck-vaughn.com

Los insectos viven en muchos lugares.

¿Dónde viven las abejas?

 3

Casi todas las abejas viven en colmenas.

¿Dónde viven las hormigas?

Casi todas las hormigas viven en la tierra.

¿Dónde viven las mariposas?

Casi todas las mariposas viven en los árboles.